Couvertures supérieure et inférieure manquantes

NOTICE

SUR UN COMPTE DE

L'ÉCURIE DE LA REINE CATHERINE DE MÉDICIS

DE 1556,

PAR M. CH. DE BEAUREPAIRE.

Il y a neuf ans environ, les héritiers de M. le vicomte Dambray eurent l'heureuse pensée de faire don, aux Archives du Département, de quelques vieux registres de comptes, qui leur paraissaient présenter un certain intérêt historique.

Ces comptes sont parfaitement tenus et fort bien écrits. Ils pourraient, si l'aridité du texte et des chiffres ne rebutait pas, être mis à profit, par quelque travailleur patient, pour une étude sur les impositions et sur les finances de la Normandie au temps de Henri III et de Henri IV.

Un seul (et c'est le plus ancien) est étranger à l'histoire de notre province. C'est aussi le plus intéressant, parce qu'il a trait à une femme célèbre, qui s'est trouvée mêlée aux plus grands événements de la seconde moitié du XVIe siècle, je veux parler de Catherine de Médicis.

Le registre dont il s'agit, de format in-folio, composé de 397 feuillets, en parchemin, porte pour titre: *« Es curie de la Reine, l'année finie en décembre M. V^c L VIII. Compte premier de Me Guillaume Le Fieu auquel la Royne, par ses lettres patentes, signées de sa main, et de maître Simon Fizes, secrétaire de ses finances à Paris, le XXIX_e jour d'avril M. V^c L VIII, a donné et octroyé l'estat et office de receveur et payeur ancien de son Escurie... des recepte et despence faictes par le dit Le Fieu, à cause des deniers par luy receuz pour convertir et employer au fait de son office durant l'année commencée le premier jour de janvier mil V^c L VII et finie le dernier jour de décembre ensuivant l'an révolu mil V^c L VIII. »*

Le Fieu était auparavant receveur des aides, tailles et taillon à Nogent-sur-Seine. Il fut nommé receveur de l'Écurie de la reine, sur la démission faite en sa faveur par Gouvet Mosnier ; il prêta serment, en cette qualité, entre les mains du cardinal de Sens, Garde des Sceaux de France. Plus tard, on le voit prendre le titre de secrétaire ordinaire de la reine et de seigneur de Méréville. Il devint, en dernier lieu, receveur général de Normandie, et en remplit les fonctions pendant plusieurs années. Son successeur fut Henri Dambray, un des aïeux de M. le vicomte Dambray.

En tête du registre sont transcrites les lettres patentes de nomination de Le Fieu à l'office de receveur de l'Écurie. On voit, par d'autres lettres, transcrites au même registre, que la reine avait, peu de temps auparavant, divisé l'office de trésorier général de sa maison, exercé pour lors par maîtres Gouvet Mesnier et Pierre Girard, en 3 offices distincts, celui de trésorier et payeur des gages de ses officiers domestiques ; celui de maître de sa Chambre aux deniers ; enfin celui de receveur et payeur de son Écurie. Après avoir *désuni* ces offices, elle les avait rendus alternatifs, ainsi que l'étaient ceux du roi, « afin, comme elle le marquait expressément dans ses lettres, qu'il fût impossible aux comptables de retenir ses deniers entre leurs mains. » Le Fieu portait le titre de receveur ancien ; Jean de Beauquesne avait celui de receveur alternatif. L'un et l'autre touchaient 500 l., de gages par an.

Pour nous faire une idée complète de la maison de cette princesse, il nous serait nécessaire d'avoir à notre disposition les comptes de ces trois offices. Nous ne faisons aucun doute qu'on y trouverait des renseignements précieux sur le règne de Henri II.

A défaut de ces comptes, qui nous manquent, et dont la perte est irréparable, essayons, du moins, de tirer parti de celui qui nous a été conservé, et qui se trouve maintenant en notre possession, grâce à la libéralité des héritiers de M. le vicomte Dambray. Après tout, l'Écurie n'était pas un objet de faible considération dans le train d'une maison princière, et, pour nous en tenir à un exemple, l'on sait qu'il n'y avait rien dont le roi Henri II tirât plus vanité que du nombre et de la bonté de ses chevaux, si ce n'est pourtant de l'adresse et de la valeur de ses pages.

Nous verrons, d'ailleurs, par l'examen que nous allons faire de notre compte, que ce document mentionne autre chose que des dépenses d'Écurie.

Mais, avant d'en venir à cette analyse, il est à propos de dire quelques mots de l'état de la France et de la composition de la maison royale en cette année 1558, à laquelle il faut nous reporter.

L'année précédente avait été fatale à la France. Elle avait été marquée par un grand désastre : la défaite de Saint-Quentin, où avait péri l'élite de la noblesse française, où le connétable de Montmorency et le maréchal de Saint-André avaient été faits prisonniers. Un moment même on avait craint de voir les Espagnols victorieux se porter sur Paris, sous les ordres de Philibert de Savoie, et une véritable panique s'était répandue dans la capitale du royaume.

Mais, dès le début de l'année 1558, tout avait changé de face. Le duc de Guise, rappelé en toute hâte de l'armée d'Italie à la première nouvelle de nos malheurs, investi de la dignité nouvelle de lieutenant-général de France, avait justifié la confiance qui s'attachait à son nom et l'honneur fait à sa personne en s'emparant, en plein hiver, après un siège de huit jours, de la ville de Calais que les Anglais possédaient depuis deux cent dix ans.

Ce succès, qui mit le comble à la gloire du duc de Guise, excita le plus grand enthousiasme dans toute la France, et causa une extrême surprise à toutes les cours de l'Europe, encore sous l'impression de la bataille de Saint-Quentin. Cette victoire fut suivie de la prise de Guise, de Ham, de Thionville, où mourut malheureusement le maréchal de Strozzy. Dans le même temps, l'alliance de l'Angleterre avec l'Espagne était rompue par la mort de la reine d'Angleterre, et celle de la France avec l'Écosse était cimentée par le mariage de la reine Marie Stuart avec le dauphin de France qui fut, depuis, François II.

L'avenir semblait assuré, et, d'autre part, en considérant l'état de la famille royale, les espérances les plus brillantes paraissaient légitimes. Henri II était alors dans toute la force de l'âge et, pour ainsi dire, au plus haut degré de sa puissance. Il avait, de son mariage avec Catherine de Médicis, qu'il avait épousée en 1533, quatre fils et trois filles : François II, dont nous venons de parler ; Charles, depuis roi sous le nom de Charles IX ; Henri, depuis roi sous le nom de Henri III ; François, depuis duc d'Alençon ; Élisabeth, née à Fontainebleau le 2 avril 1545, qui fut mariée au roi d'Espagne, Philippe II ; Claude, née à Fontainebleau le 12 novembre 1547, qui fut mariée à Charles II, duc de Lorraine ; Marguerite, duchesse de Valois, née le 14 mai 1553, qui fut mariée à Henri de Bourbon, roi de Navarre.

Le compte que nous avons à examiner se rapporte donc à une des plus heureuses années du règne de Henri II.

Glanons tout d'abord, dans ce document, quelques noms et quelques notes qui paraissent s'y trouver par hasard.

Simon *Burgensis* était alors médecin ordinaire du roi ; Honorat de Castellan était médecin du roi et premier médecin de la reine ; M. Valeren était médecin du dauphin.

Le peintre de la reine s'appelait Nicolas Rebours. On voit qu'elle lui adressa une lettre au mois de juillet. C'était lui, sans doute, qui avait été chargé de faire ce tableau où était l'effigie du roi, dont on mentionne le transport de Villers à Montceaux au mois de juillet, ainsi que les portraits de messeigneurs et dames enfants du roi, qui furent expédiés par un exprès, de Paris à Beauvais, au mois d'octobre.

Autres officiers ou fournisseurs de la reine mentionnés : Lambert de Bayonville, panetier ordinaire de la reine, auquel on fournissait l'entretien de deux chevaux ; Claude Morot, tapissier de la reine ; Jacques de la Fons et Pierre Le Ber, marchands de soie, fournissant l'argenterie de la reine ; Michel Boully, maître-queux en cuisine commun de la reine ; Gacien Piballeau, chaussetier de la reine.

Les fonds affectés à l'entretien de l'Écurie, en 1558, s'élevaient à 45,564 l. (1).

Le compte s'en rendit devant M. de Curton, chevalier d'honneur, et Mgr l'évêque de Nevers, surintendant des maison et finances de la reine, et autres personnages. On paya, en janvier, à Mathurin Lussault, orfèvre de Paris, souvent qualifié *orfèvre de la reine*, 171 l. pour solde de neuf marcs d'argent, à raison de 19 l. le marc, employés à faire des jetons aux armoiries et devises de la reine. Ces jetons furent distribués aux officiers qui tinrent le bureau de la dépense. Ils leur furent présentés dans des bourses de velours vert, et leur tinrent lieu de gratification.

(1) Le 18 mai, on versa à Le Fleu 11,391 l. 3 s. 9 d. en 80 écus pistolets à 46 s. pièce, six-vingt dix oboles à 25 s. ; 360 l. en gros de Neale ; 164 l. en gros angelots ; 8,900 l. en douzaines ; le reste en liards.

Le compte se fit, en 1558, au moyen de deux cents jetons de cuivre qui coûtèrent 30 sous le cent (1).

Cet usage de compter par jetons était général alors, de même que celui de rémunérer, à l'aide de jetons les officiers chargés de la vérification des comptes.

Nos jetons d'aujourd'hui n'ont pas une autre origine, ainsi que l'indique, du reste, suffisamment leur nom; mais il y a deux siècles et plus qu'ils ont cessé d'être employés comme instruments de comptes, et que le compte par chiffres a été substitué au compte par jet. Au commencement du xviiᵉ siècle, on apprenait encore aux enfants, dans les écoles, à compter de ces deux manières (2).

Les officiers qui dépendaient du service de l'Écurie étaient nombreux. C'étaient, en premier lieu, Jean de l'Hospital, sieur de Sainte-Mesme, premier écuyer; René de Noyant, Ch. de Marconnay, sieur de Montaray et de la Barbelinière, Alexandre Schmouria, écuyers servants; Hélie de Odeau, contrôleur; Louis de Maliveau, sieur de Vaulx, ordonné par la reine pour avoir l'œil et regard en l'Écurie et pour la conduite des pages sous et en l'absence des écuyers, aux gages de 300 l.; messire Jean de Beaulmer, prêtre, chapelain de la chapelle pour dire la messe et montrer aux pages : ses gages étaient de 80 l.

Venaient ensuite dix laquais de corps, aux gages de 120 l. par an ; six valets de pied pour les demoi-

---

(1) On fit, cette même année, un coin pour la fabrication des jetons. « Pour ung coin et pille de fer, aux armes et devises de la reine, pour faire et marquer les getons, tant d'argent que de cuivre, servent aux comptes de l'Écurie, 6 l. 18 s. t. »

(2) V. le contrat de fondation des écoles de Dieppe. Archives de la Seine-Inférieure. D. 2.

selles, à 80 l. ; quatre valets de pied pour les charriots branlants, à 70 l. ; huit palefreniers, à 120 l. ; cinq muletiers de litière, à 100 l. ; cinq fourriers, à 150 l. ; deux valets de pages, à 90 l. ; deux maréchaux de forge, aux mêmes gages ; un capitaine de charroi, Nicolas Guesdon, à 180 l. ; un capitaine des mulets de charge de la reine, à 380 l. ; trois charretiers de chariots branlants et un muletier des coffres de mesdames, à 120 l. ; un tailleur, Antoine Spire, à 40 l. ; un sellier, à 60 l. ; une lavandière, à 10 l. ; deux pourvoyeurs pour la nourriture des montures, à 30 l.

On avait rattaché à l'Écurie le *gouvernement* des chiens dont était chargé un nommé Jean Étienne, à qui on payait 4 s. par jour, 50 s. par mois pour son entretien d'habillement, et de plus 20 s. pour fournir de la paille aux chiens, pour les graisser et pour les frotter.

Le goût du chien, en tant qu'animal de luxe, était encore inconnu, comme il paraît l'avoir été généralement dans toute l'antiquité. Il n'a guère commencé en France que sous Henri III, et certainement Catherine n'a pas dû l'inspirer. Tout ce que l'on trouve, dans le compte de l'Écurie, c'est que la reine acheta, au mois de mars, de grosses chaînes de fer pour attacher de grands lévriers blancs ; qu'elle acheta plus tard une autre grosse chaîne de fer pour attacher le grand lévrier, dont elle fit présent à Mgr. d'Orléans, et qu'au mois de novembre elle envoya ses grands lévriers au cardinal de Lorraine.

L'Écurie était loin de répondre au chenil, ce qu'on eût pu affirmer sans crainte d'erreur d'après la

seule, autorité de Brantôme qui nous apprend que la
reine « estoit fort bien à cheval et hardie, et s'y tenoit
de fort bonne grâce ; qu'elle avoit tousjours fort aymé
d'aller à cheval jusques en l'âge de 60 ans et plus qui,
pour la faiblesse, l'en privarent, et ayant tous les
ennuis du monde ; car c'estoit, ajoute-t-il, l'un de ses
grands plaisirs et à faire de grandes et vistes traictes.
Je pense, dit-il encore dans un autre endroit, que dès
longtemps ne fut reine ny princesse mieux à cheval
ny s'y tenant de meilleure grâce. » Et ailleurs : « Il
faisoit beau voir, quand la Reine alloit par pays.
Vous eussiez veu 40 ou 50 dames ou damoiselles la
suivre, montées sur de belles haquenées, bien har-
nachées, et elle se tenoit à cheval de si bonne grâce
que les hommes ne s'y paroissoient pas mieux...
Virgille, qui s'est voulu mesler d'escrire le haut
appareil de la reine Didon, quand elle alloit et estoit
à la chasse, n'a rien approché au prix de celluy de
notre reyne... ne luy en déplaise. »

Son goût pour les belles montures lui avait fait
établir en Auvergne un haras, dont était gouverneur
François de la Guesle ; et MM. de la ville de Cler-
mont, qui avaient tout intérêt à obtenir sa faveur, ne
crurent pouvoir mieux faire pour lui faire leur cour
que de lui offrir sept jeunes mulets de leur pays.
On note encore, parmi les présents qui lui furent
faits en 1558, un coursier turc et une haquenée,
qui lui furent donnés par le roi ; un traquenard,
qui lui fut donné par M. de Sainte-Mesme ; un
cheval de page, qui lui fut envoyé par un anonyme.
D'après son ordre, un marchand de chevaux se rendit
à la foire Saint-Denis avec le sieur de Noyant, et y

acheta deux haquenées, qui furent amenées devant elle au Louvre, avant la conclusion du marché. D'après les achats qu'elle commanda, on voit qu'elle affectionnait particulièrement la couleur noire. Cependant ce furent sur des haquenées blanches qu'elle et ses filles, les princesses Élisabeth et Claude, parurent aux fêtes qui furent célébrées à l'occasion du mariage du dauphin avec Marie Stuart.

Le nombre des montures de la reine était, au mois janvier, de 49 : 5 mulets de corps, le cheval du muletier, 3 mulets pour la seconde litière, 3 petits mulets de selle, 6 haquenées de corps, plusieurs autres haquenées de dames et de demoiselles, désignées par les noms des personnes qui les montaient ou qui les avaient montées : « La Chambre, Sainte-Mesme, Auzances, les Pruneaux, sur quoi monte la Contine, le traquenard noir, sur quoi monte Meray, plusieurs courtauts et chevaux de relai, la vieille Burlemont, servant à porter les bagues, le petit cheval du nain, etc. »

En décembre, le nombre des montures s'était élevé à 57, non compris les haquenées des dames d'honneur, qui étaient Mesdames de Curton, d'Apchon, de Gauguier, de Castellan, de la Mothe, d'Avaugour, de Sallon, de la Bourdaisière, de Saruel. Les princesses Élisabeth et Claude avaient aussi chacune une haquenée, et pour leurs litières 8 mulets (1).

(1 Prix de quelques chevaux. Mai, cheval de poil gris pour page, 90 l. — Courtant de poil bai pour un palefrenier, 72 l. — Juillet, 2 haquenées noires, 115 écus les deux. — Traquenard de poil noir pour la personne de la reine, 175 l. — 2 chevaux pour la personne de la reine, 27 l. les deux. — Octobre, haquenée

Je ne vois citer, comme voitures de la reine, qu'un coche à 2 chevaux, une charrette à 4 chevaux de trait, un chariot branlant pour les dames, un chariot branlant pour les femmes de chambre. Ce dernier était tiré par 4 chevaux.

Il y avait de plus 2 litières à l'usage de la reine, l'une et l'autre tirées par des mulets. La première était tendue de velours noir et de satin rouge cramoisi; les brancards en étaient feutrés avec des clous dorés.

Comme, pour la réparation de ces voitures, on ne s'adressait qu'à de simples menuisiers, on est fondé à supposer qu'en fait de carrosserie, on était encore dans l'enfance de l'art.

Le compte de l'Écurie nous fait connaître le nom de demoiselles de la cour, ces divinités humaines, comme les appelait Brantôme. Ce document peut servir soit à compléter, soit à contrôler l'énumération qu'on en trouve dans les mémoires de ce chroniqueur, trop connu pour sa galanterie.

La dame d'honneur de la reine était Françoise de Breszé, duchesse de Bouillon, femme du gouverneur de Normandie. Elle touchait, sur la recette de la reine, 450 l. pour l'entretien de son chariot et de 2 montures à l'usage de ses femmes, et 350 l. pour la nourriture de 2 mulets de litière et pour 2 accoutrements de velours. Jeanne de Bretagne, dame de Bressuire,

bale, 60 écus d'or. — Haquenée rouanne pour madame Élisabeth, 100 l. — Novembre, 2 grands mulets, 300 l. — Haquenée de poil gris pour mademoiselle du Ludde, 50 écus d'or. — Dépense d'un cheval, 100 s. par mois. — Dépense d'une haquenée, 4 s. 6 d. par jour. — Dépense de bouche d'un laquais, 5 s. par jour.

dame de la reine, touchait 100 l. pour l'entretien de son chariot. Catherine De la Fontaine, demoiselle de Normet, avait remplacé Mlle de la Motte, comme gouvernante des demoiselles Claude de Beaulne, Françoise de Burlemont, Jeanne de Bourdeilles, (la parente de Brantôme) Mlles Rouet, Vineul, Charlus « de très bonne et ancienne maison d'Auvergne », Limeuil, « l'une des belles et spirituelles filles de la cour », S.-Léger, Richebourg, Cabrienne, Meray, Thénies, Guetinière, de Pons, du Ludde, de la Chambre. Elles avaient à leur service un valet, Jean d'Écosse, et un valet de pied, Geoffroi Sallet, une femme de chambre, du nom de Loubée, une grecque, du nom de Marie. On comptait aussi, parmi les femmes de chambre de la reine, la signora Clerice et la signora Elyne, qui étaient évidemment des italiennes.

Les pages de la reine étaient au nombre de 12. Tous portaient des pourpoints de toile blanche, barrée de soie verte, des saies de drap vert, bandées de velours, les bandes enfermées, de chaque côté, de passements de soie et découpées ; des collets de cuir de maroquin, avec passement ou broderie de soie blanche et verte et de grandes aiguillettes de soie verte ; des ceintures de velours vert ou bleu, suivant les circonstances ou la saison, des ceintures de buffle, doublées et arrière-pointées, garnies de ferrures blanches polies ; plusieurs sortes de bonnets ; des bonnets de velours vert surmontés de touffets de plumes blanches ; des bonnets à oreillons, qu'ils mettaient sous leurs chapeaux, quand ils étaient en voyage, sans compter des bonnets de laine rouge pour la nuit. Leurs chapeaux étaient de taffetas vert orné de gros cordons de soie blanche ; leurs chausses, de drap vert, doublées et nervées de taffetas avec aiguillettes ; leurs manteaux, de drap vert avec cannetilles et passements de velours.

La reine leur fournissait à chacun une paire d'heures garnie d'un sac de cuir ; une écritoire garnie de plumes, d'encre et de canivets, un étui garni de peigne, de miroir et de ciseaux.

Elle payait leur valet; leur barbier, Nicolas Genest, qui était en même temps leur chirurgien ; leur maître d'escrime, Noel Carré, auquel elle donnait 4 l. 12 s. par mois.

Nous avons déjà nommé leur maître d'école ou leur instituteur, comme on voudra l'appeler : c'était le chapelain de l'Écurie, Jean de Beaulmer. La vie errante de la cour autorise à penser que, quels que fussent le zèle et la capacité de cet ecclésiastique, il ne pouvait faire de ses élèves que d'assez mauvais latinistes. Mais, sans doute, il suffisait à leur dame qu'ils fussent médiocrement instruits, pourvu qu'ils fussent habiles dans les exercices du corps, qu'ils eussent de la grâce et de la valeur, et pour cela on comptait sur les leçons et sur l'exemple des écuyers. Quelques années de page au service du roi ou d'un prince étaient considérées alors comme le plus brillant prélude, comme l'apprentissage le plus avantageux de la carrière militaire.

On disait, d'un page qui entrait au service de la reine, qu'il avait été donné à la reine. Quand il avançait en âge et qu'il sortait de page, la reine lui faisait cadeau de 138 l. pour s'équiper d'habillements. C'est ce qu'elle paya, en 1558, à Antoine de Sarrebourg, à Jérome de Bosdrau, à Pernay, à Coefferie, à Bienassis, à Pilobier, à Frédéric Quosquy dit Polacre. Ce dernier, comme l'indique son nom, était un seigneur polonais. La reine lui fit don, outre les 138 l. d'usage, de 56 l. pour retourner dans son pays.

On voit, par ce que nous venons de dire, que le vert et le blanc étaient les couleurs de Catherine. On retrouve les mêmes couleurs dans le costume de ses laquais, de ses petits laquais, de ses palefreniers et de ses fourriers.

On fournit aux trois petits laquais, Gui Richard dit Brusquet, le More et le petit Georges, des manteaux de drap vert, des pourpoints de velours blanc et vert, et d'autres pourpoints de toile blanche, barrée de soie verte ;

Aux 7 laquais, des bonnets de velours vert, d'autres bonnets de laine verte, des manteaux de drap vert brun, des chausses de drap vert, doublées et nervées de taffetas blanc, et d'autres chausses d'estamet vert, couvertes de bisette blanche, nervées de taffetas blanc à haut volant;

Aux muletiers, des manteaux et des saies de drap vert ;

Aux fourriers, des hocquetons de drap vert et blanc, orné de paillettes d'argent en façon de broderie à la devise de la reine, qui était, comme nous l'apprend Brantôme, un arc-en-ciel avec ces mots grecs : *φέρει φῶς γαλήνην, elle apporte lumière et sérénité.*

Le vert se retouvait encore dans la couleur des malles des palefreniers et dans celle des tapis qui paraient les chambres des dames et des demoiselles de la reine.

Les princesses Élisabeth et Claude, auxquelles on avait donné aussi leur maison, avaient des couleurs différentes. Pour Madame Élisabeth, on avait adopté le jaune et le violet; pour Madame Claude, le jaune et le noir. Je ne saurais dire quelles étaient leurs devises (1).

Suivant un goût bizarre de l'ancien temps, la reine entretenait un nain, une naine et une folle. En février, on voit ramener, de Moussy à Paris, une naine pour la reine. En novembre, on alla quérir à Beauvais la gouvernante de la folle qui était tombée malade au moment du départ de la Cour. Le nain s'appelait Merville. On dépensa pour lui, en novembre, 13 l. pour lui faire un manteau d'écarlate; 4 l. 10 s. pour lui faire une paire de chausses d'estamet noir à haut volant doublées de taffetas noir. Ce personnage paraît avoir joui de la confiance de la reine. Au mois d'août, le petit nain fut envoyé, de Reims à Laon, « faire recommandation au roy de la part de la dame. »

Catherine entretenait encore 5 chantres et violons dont les noms sont cités (peut-être sont-ce des noms d'artistes): Adrien Le Fèvre, Michel Le Fèvre, Pierre

(1) Leur maison se composait de 2 demoiselles, mademoiselle de Maricourt et mademoiselle de la Porte, ayant chacune leur haquenée; de 4 laquais, Pierre Le Clerc dit la Mothe, Jacques Anceau, Jean Neron, François Lamyrault; de 4 pages, d'un maréchal de forge; ils avaient chacun une haquenée, leur litière et 3 mulets de litière.

Bovyn, Madalin Dialbert, et Mathurin Dugué. Elle leur fournissait à chacun 5 s. par jour pour la nourriture de leur cheval.

Au mois de mars, elle dépensa 72 l. « pour une chariotée neuve, complète, couverte de cuir, doublée de drap vert, équipée et montée sur roue, pour mener à sa suite une demoiselle italienne joueuse de luth, dite la Boulonnoise. »

Au mois de juillet, elle acheta pour François Baillo, joueur de musette, une paire de chausses et un pourpoint.

Elle entretenait aussi, par charité, quelques écoliers à Paris. Elle paya à Bertrand Callot, pédagogue, la pension de Jean de Gymart et celle de Claude de Anserville, et elle lui donna, en plus, 2 s. 6 d. « pour avoir fait confesser ledit Gymart, et recevoir Notre Seigneur à Pâques. » D'autres articles de dépenses sont relatifs à Arthur Du Gats, maître des enfants de chœur de Saint-Honoré de Paris, pour avoir appris à chanter en musique à Léon Daventure, l'un de ses écoliers; à un sellier, pour l'apprentissage de Florentin Thibault; à Nicolas Riboullet, tailleur, pour l'apprentissage de François Trouvé, entretenu par elle aux écoles.

Brantôme nous apprend que la reine « aymoit fort à tirer de l'harbaleste à jalet et s'en tiroit fort bien, et que toujours, quand elle s'alloit pourmener, faisoit porter son harbaleste; et quand elle voyoit quelque beau coup, elle tiroit. »

Il s'agit ici « d'une espèce d'arbalète avec laquelle

on lançoit soit des jalets ou galets, c'est à dire de petits cailloux ronds, soit des balles de métal. (1) »

Le compte de l'Écurie prouve combien Brantôme était, à cet égard, bien informé.

On voit, en effet, que partout où la reine se rendait, elle se faisait suivre « de son jeu de galets ou de la table à jouer aux martres (2). »

Les articles de parfumerie sont indiqués sans grand détail. Il est question de l'envoi, de Paris à Fontainebleau, de 2 caisses de bouteilles de senteurs ; de petits sacs à mettre poudre de senteurs ; de poudre violette pour garde-robes.

Les coupes de verre devaient être encore, à cette époque, un objet d'une assez grande rareté. Car on voit un garçon chargé d'apporter sur une hotte, de Saint-Germain à Paris, 12 coupes de verre, au mois de décembre ; et sur la table des pages, on ne servait que des verres de terre et de bois.

J'imagine aussi que les melons devaient être rares et recherchés, en voyant la reine dépêcher un laquais pour aller en chercher à Liancourt au mois de juillet, et à Crécy au mois d'août.

---

(1) « Jeu où l'on pousse un palet sur une longue table qui est entourée d'une rainure ou creux, où si l'on tombe on perd le coup. » *Dictionn. de Trévoux.*

(2) Mai, « cheval qui a porté le jeu de galets de la dame.

Juin, juillet, même indication. « Cordeau pour servir à lier, sur un charroi, la table à jouer aux martres. »

Août, on lie les tables du jeu de martres sur des charrettes. Le capitaine Guesdon fait mener une table à jouer aux martres de Villers à Montceaux.

Novembre, la reine envoie chercher, de Saint-Germain à Paris, la table pour jouer aux galets.

Décembre, cheval qui porte le jeu de galets.

En fait d'objets de toilettes, on n'indique avec détail que les chapeaux, lesquels sont payés, je ne sais pourquoi, sur les fonds de l'Écurie. Je serais fort surpris si le luxe de la reine et de ses filles, sur ce point, ne paraissait des plus mesquins aux élégantes de notre temps.

Voici une observation à laquelle on sera sans doute plus sensible.

Si grande que fût la richesse des châteaux royaux, les objets qui servaient à leur décoration n'étaient pas en si grand nombre, qu'il ne fallût les transporter d'un lieu à l'autre, à la suite de la cour. C'est ce qu'on remarque pour les meubles en général, spécialement pour les lits et pour les tapisseries.

Janvier — Tapisseries ramenées de Saint-Germain-en-Laye à Paris.

Février. — Tapisseries portées de Paris à Fontainebleau.

Mars. — Lits, tapisseries, chenets de fonte, portés de Paris à Montceaux, rapportés à Paris, quand la reine alla trouver le roi à Fontainebleau.

On porte par charroi du Louvre à Fontainebleau, les tapisseries de la dame. On rapporte, de Montceaux à Paris, une garniture de lit en toile d'argent, avec 9 pièces de tapisserie, de même toile et de satin cramoisi, qu'on place dans la salle du Louvre.

Mai. — On mène par pays les besognes, lits, coffres de la dame et de ses demoiselles. Meubles apportés de Paris à Montceaux pour y recevoir le roi.

Septembre. — Lit de poste de la dame, porté par pays.

Octobre — Lit de la dame porté à Beauvais. Meubles de la dame portés à Montceaux ; portés de Montceaux à l'abbaye de Faremoutiers.

Décembre. — On porte sur un mulet, de Saint-Germain à Paris, le lit de Madame de Montpensier.

Le compte de l'Écurie nous fournit quelques détails sur les personnages avec lesquels la reine était en correspondance, et permettrait de la suivre, pour ainsi dire, jour par jour, dans ses nombreux voyages.

Nous nous bornerons à quelques détails.

Les lettres qu'elle écrivit, au nombre de cent et quelques, étaient portées par diligence et par chevaux de poste ; quelques-unes furent confiées au petit laquais Guy Richard dit Brusquet. Plusieurs furent adressées au roi, au camp ; au cardinal de Lorraine, à Poix et à Reims ; à M. de Carnavalet, au camp ; à la reine de Navarre, à Noisy ; à Mme de Montpensier (13 lettres) ; à Mme de Guise, à Nanteuil et à Joinville (9 lettres) ; à Mme de Montmorency, à Chantilly (2 lettres) ; à la maréchale de Strozzi ; à la maréchale de Saint-André ; à la duchesse de Valentinois, à Anet (4 lettres) ; à Mme de Bouillon, à Paris et à Sedan (2 lettres) ; à Mlle de Bressuire (4 lettres) ; à l'abbesse et à la prieure de Longpré (6 lettres) ; aux religieuses de Longpré et à celles de Faremoutiers.

Itinéraire de la reine. Janvier. Séjour au palais du Louvre à Paris. Des bateliers passèrent par eau la dame la veille des Rois, quand elle alla au palais ; le jour de la prise de Calais, quand elle alla de nouveau entendre la messe au palais ; le dernier jour de janvier, quand elle se rendit avec ses dames et demoiselles entendre la messe aux Chartreux. Cette fois, elle paya aux bateliers 4 l. 2 s. pour leur peine.

Février. Le roi s'était rendu à Calais, et on avait fait conduire à Saint-Germain-en-Laye les enfants de France. Une fois, la reine, étant à Paris, se rendit en masque à l'hôtel des Carneaux. Elle paya 16 s. pour les torches de cire de ceux qui la conduisirent. Départ pour Fontainebleau avec arrêt à Corbeil.

Mars. Séjour à Fontainebleau et à Montceaux, maison de prédilection de la reine. Le roi passa une partie de ce mois à Fontainebleau. Un charretier conduisit en charrette un coffre où étaient les toiles pour servir à la Cène de la reine, 10 s.

Avril. Départ de Fontainebleau, arrêt à Corbeil, séjour à Paris pour les noces du dauphin. Charrette de la dame, conduite du Louvre à Notre-Dame de Paris et au palais par les deux chevaux du coche. Trois archers font faire place devant la litière de la dame allant de Notre Dame au palais. A l'hôtel des Balances, *desroy* extraordinaire pour les mulets, haquenées et courtauts de l'Écurie allant à Notre-Dame et au palais. Dîner de MM. les écuyers et pages, 50 sous. Deux haquenées blanches empruntées pour conduire par la ville de Paris deux filles de chambre de la reine durant les festins des noces du roi dauphin, du 23 avril à la fin du mois.

Mai. Séjour à Paris. On mène dans le chariot branlant de la reine les femmes de chambre de mesdames, du Louvre à Notre-Dame, de Notre-Dame au palais et du palais au Louvre. La dame à Tournay, à Crécy, à Fontenay, à Montceaux où elle reçoit le Roi, à Villers-Cotterêts. Souper à Faremoutiers avec M⁽ᵐᵉ⁾ Claude. Dîner à Dammartin.

Juin. Séjour à Montceaux, voyage à Nanteuil, vraisemblablement chez Mme de Montmorency.

Juillet. Séjour à Nanteuil, à Villers-Cotterêts. Voyage à Longpont, à Fère, à Maisons. Séjour à Saint-Germain-en-Laye.

Août. — Séjour à Reims, à Paris, à Château-Thierry.

Septembre. — Mois passé à Paris et à Saint-Germain-en-Laye. Un jour, étant à Paris, la reine traverse la Seine pour aller entendre la messe aux Chartreux.

Octobre. — Séjour à Saint-Maur-des-Fossés, à Vincennes. La reine se rend à Beauvais. Mention du déjeuner des pages qui menèrent la litière de la dame au devant de M. le connétable.

Novembre. — Séjour à Beauvais. L'Écurie de la reine loge à l'enseigne du *Lion rampant*; la reine se rend de Beauvais à la rencontre du connétable. Départ pour Saint-Germain-en-Laye; séjour audit lieu.

Décembre. — Séjour à Saint-Germain et à Paris; voyage à Meudon. Départ pour Montceaux. Retour à Paris dans le coche du roi dont était conducteur André Todesse. Deux fois, étant à Paris, la reine se rendit, avec la dauphine Marie Stuart, du Louvre au Palais. Une autre fois, cette dernière se rendit seule, aussi par bateau, à la Sainte-Chapelle, pour y entendre la messe.

Tous ces déplacements ne se faisaient pas sans de grands embarras ni de grandes dépenses. Le train de la reine n'eût pas suffi au transport des personnes de la cour et de leurs bagages. Il fallait faire, à

chaque voyage, des levées de chevaux et de paysans.
Lors du voyage de Paris à Fontainebleau, au mois
de février, un sergent de Gonesse vaqua durant six
jours, avec le capitaine du charroi et un archer, à la
levée des chevaux dont on avait besoin. Au mois de
mai, le même sergent vaqua durant quatre jours à
faire la levée du charroi ; un archer, sous la charge
du prévôt de l'hôtel, fut employé six jours à la même
besogne, pendant que le capitaine du charroi « adres-
soit les charretiers allans par pays ». En juin, on prit
les laboureurs de Villers-Cotterêts pour servir le
jour du départ. En juillet, un archer du prévôt de
l'hôtel se rendit aux villages lever des chevaux pour
aller de Fère à Reims, et un sergent fit commande-
ment aux laboureurs des environs d'amener leurs
chevaux « pour le partement de Fère à aller à
Reims. » Comme il n'est pas question, dans notre
compte, de paiements faits aux laboureurs requis par
les sergents et les archers, il est naturel de supposer
que l'on considérait le service auquel on les astrei-
gnait comme une charge obligatoire, qui n'était pas
plus rémunérée que la corvée.

Mais du moins on payait les guides qu'il fallait
prendre le long des chemins : on trouve, en effet, des
articles de dépense relatifs à une guide qui guida la
dame en la forêt de Senard, au mois de février ; — à
une autre qui guida la dame, de Mélun là où était
l'assemblée, au mois de mars ; — à une autre qui
guida la dame, de Longpont à Fère, au mois de juillet ; — à une autre, qui guida la dame, de Meudon à
Saint-Germain ; — de Paris à Livry ; — de Livry à
Claye ; — de Lagny à Paris, au mois de décembre.

Ces notes auraient pu être plus étendues, si je n'avais craint de mettre la patience du lecteur à une trop rude épreuve.

Comme il faut à tout travail une conclusion, voici celle que je crois pouvoir tirer de cette analyse, si incomplète qu'elle soit.

En comparant, à l'aide de ce compte, toutes les ressources que la puissance royale avait mises à la disposition d'une des reines les plus célèbres du XVIe siècle avec celles qui sont, presque sans effort et comme naturellement, à la disposition, je ne dirai pas d'un haut personnage ou d'un représentant de l'État, mais d'un homme opulent de notre temps, il est aisé de juger des progrès qui ont été accomplis depuis cette époque jusqu'à nos jours. Le luxe ne s'est pas développé dans une moindre proportion, et si nous ne savions qu'en fait de grandeur tout est relatif, nous aurions peine à comprendre que de Thou ait pu qualifier Catherine de Médicis *femina superbi luxus*; et nous trouverions quelque exagération dans ce récit de Brantôme : « J'ay ouy conter, dit-il, que nostre Roy d'aujourd'huy (il s'agit de Henri IV), quelques dix-huit-mois après qu'il se vist un peu avant dans la fortune et espérance d'estre un peu roy assez universel, se mist un jour à discourir avec feu M. le mareschal de Biron des desseings et projets qu'il faisoit pour un jour faire sa cour plantureuse, belle et de tout ressemblable à celle que notre reyne entretenoit; car alors elle estoit en son plus grand lustre et splendeur qu'elle fust jamais. M. le mareschal luy respondit : « Il n'est pas en votre puissance ny de » roy qui viendra jamais, si ce n'est que vous fissiez

« tant avec Dieu qu'il vous fist ressusciter la reyne
« mère pour la vous ramener telle. » Brantôme
parlait du train de maison de Catherine de Médicis
avec une admiration que le temps et la vue des
autres cours n'avaient pu affaiblir. Il est à supposer
qu'il eût pensé et parlé bien différemment, s'il eût
pu prévoir les splendeurs de la cour de France sous
les règnes de Louis XIV et de Louis XV.

Rouen. — Imp. H. Boissel, rue de Lémery, 14.